AF302571

Chawa, pièce de ma mémoire

Chawa,
pièce de ma mémoire

Maud Landau

QUATRIÈME MUR

3, rue de Marivaux
75002 Paris

ISBN : 978-2-487668-02-7

CRÉATION

La pièce a été créée le 1er décembre 2022
au théâtre des Déchargeurs, à Paris

Interprétation : Maud Landau
Dramaturgie : Quentin Laugier
Mise en scène : Laura Lutard et Maud Landau
Création lumière : Fabrice Barbotin
Création musicale : Lionel Losada
Régie : Cynthia Lhopitallier

LIEUX PARTENAIRES

Maison des pratiques artistiques amateurs, Paris (75) — Citadelle du Château-d'Oléron, Le Château-d'Oléron (17) — L'espace culturel le Champ de foire, Plabennec (29) — Théâtre des Roches, Montreuil (93) — L'espace Malraux, Geispolsheim (67).

SOUTIENS ET PARTENAIRES

Le spectacle est soutenu par la DRAC Grand-Est, la Direction départementale de la cohésion sociale (67), la Dilcrah 33, 75 et 93, la Spedidam, la fondation Rothschild, le Mémorial de la Shoah et l'académie de Versailles-Créteil.
Il a reçu le label de la Licra.

NOTE D'INTENTION

En 2017, j'ai découvert une lettre écrite par ma grand-mère, dans laquelle elle retrace l'histoire de sa vie, de sa naissance en 1917 à Lodz (Pologne) au sein d'une famille juive à la naissance de ses petites-filles. Sur ces quelques pages, elle pose un contexte historique et politique, décrit les divergences d'opinions au sein d'une famille, les paradoxes de la guerre. Elle nomme aussi les membres d'une famille que je n'ai pas connue.

Ma grand-mère était le pilier, l'axe autour duquel gravitait ma famille ; c'était le témoin d'une histoire qui s'inscrit dans la grande. Une fois partie, que reste-t-il de ses paroles ?

Je me suis posé la question de la place que je pouvais prendre face à ce que nous appelons le devoir de mémoire. Qu'est-ce que ma génération peut transmettre et comment ? Quelle est ma légitimité ? Où est ma responsabilité ?

Si les gens qui nous quittent continuent à vivre tant que nous parlons d'eux, j'ai pris le risque de traverser l'histoire de ma grand-mère à travers mon prisme. Je suis partie de son témoignage et je l'ai mis en résonance avec mes questionnements : qu'est-ce que signifient la transmission, l'héritage, la mémoire inconsciente collective, le transgénérationnel, les origines, la judéité, l'identité ?

Avec l'aide de Quentin Laugier, j'ai écrit *Chawa, pièce de ma mémoire* à partir des écrits de ma grand-mère, des miens, d'un travail d'archive réalisé en Pologne et en France, et du travail d'improvisation dirigé par Laura Lutard.

Plonger dans le passé de mes ancêtres, c'était la possibilité de retisser un lien et de transformer l'intention de certains de les faire disparaître sans qu'aucune trace de leur existence ne subsiste. À travers ce spectacle, j'avais envie de questionner comment surgit le passé chez les différents membres d'une famille. J'ai choisi l'humour et le rire comme partenaires pour aller rencontrer les fantômes du passé et avoir la distanciation nécessaire pour partager cette histoire intime. Au-delà de mon histoire, je me suis demandé à quels endroits l'intime rejoignait l'universel et comment les lignes de faille au sein d'une famille peuvent être le miroir de l'Histoire.

Maud Landau

1. ÉCHAUFFEMENT

Camille se prépare pour sa représentation. Au moment de s'adresser au public, elle lâche un rot.

2. LES ROTS

Camille — Excusez-moi, je rote. Je rote depuis un an maintenant, c'est très gênant. Je n'ai jamais roté de ma vie et ce n'est pas du tout l'image que j'ai envie de renvoyer, je ne suis pas très à l'aise avec le fait de roter en société et même toute seule. J'ai fait tous les examens médicaux. Tous.

Radios, fibroscopies… Et tout va bien. D'un point de vue organique, tout va bien ; c'est psychosomatique, comme d'habitude chez moi. Je me suis connectée à tout ce qui est médecine alternative, chamane, magnétiseur, acupuncteur… À première vue, tout va bien. Tout va.

Sauf que je rote. Des rots de l'au-delà. J'ai dit ça à ma chamane, j'ai dit « des rots de l'au-delà », et — pour l'instant c'est la piste la plus intéressante — elle m'a dit…

La chamane — De l'au-delà ? Vous pensez que ces rots peuvent venir *d'ailleurs* ? Oui, peut-être que c'est la voix d'un ancêtre qui vient d'un autre plan, comme si vous étiez un canal ouvert et que vous captiez une fréquence. Peut-être qu'un membre de votre famille essaye de vous dire quelque chose.

Camille — Et c'est vrai… Je me suis mise à écouter mes rots, et c'est grave. C'est un son grave. Comment des rots aussi graves peuvent sortir d'une aussi petite personne ?

Donc potentiellement je suis une grosse antenne ballonnée qui rote la voix d'un ancêtre mort. Ce qui m'angoisse le plus dans la possibilité que je communique avec mes ancêtres *via* mon tube digestif, c'est que mes ancêtres étaient des Juifs de l'Europe de l'Est pendant la Seconde Guerre mondiale et qu'il est donc fort probable, si cette théorie se vérifie, que je rote la Shoah.

Et je vous avoue que c'est compliqué de roter le non-dit de l'extermination de mes ancêtres.

(À ses ancêtres :) Est-ce que vous cherchez à parler à travers mes rots ? Qu'est-ce que vous voulez dire ? Et surtout, est-ce qu'il y a un moment où ça va s'arrêter ? Parce que j'ai pas envie de roter toute ma vie. J'aimerais bien que ça ne passe pas par moi, ou alors pas tout le temps.

Il faut que je puisse aussi le fermer, le canal, et surtout vous rendre ce qui ne m'appartient pas.

Je veux dire... Je ne peux pas... Je ne peux pas porter la Shoah, c'est pas possible.

Et puis, roter, c'est dégueulasse.

3. L'ENTERREMENT

CAMILLE — Le 11 mars 2011, j'ai enterré mamie. Celle du côté paternel. Ma mère était très stressée à l'idée de revoir son ancienne belle-famille — et quand ma mère est stressée, elle parle...

ISABELLE — Camille, je me dis, quand même, je sais qu'on est séparés ton père et moi, mais après tout, après tout ce qu'on a vécu, c'est quand même la mort de sa mère, je la connaissais bien, ça va faire plaisir à ton père que je vienne, que je sois là, après tout ce qu'on a vécu, c'est des années de vie commune, mamie était une femme extraordinaire, j'avais beaucoup d'affection pour elle...

CAMILLE — Donc ma mère est là, absolument stressée, à conduire la voiture. Ma mère n'a aucun sens de l'orientation. Moi, j'ai le sens de l'orientation mais pas mon permis. J'assiste, impuissante, depuis le siège passager, à la noyade cérébrale de ma mère. Je suis terrorisée à l'idée d'arriver en retard. Ma sœur, à l'arrière, n'a pas le permis et ne se préoccupe pas de savoir si elle a le sens de l'orientation. Elle est étendue de tout son long sur la banquette alors qu'elle est supposée servir de copilote à ma mère. Donc on est dans une configuration à éviter absolument quand on va à l'enterrement de sa grand-mère.

Maman, tranquille, maman. Si tu veux aller au cimetière de Pantin, tu prends quelle direction ? Ben, direction Pantin, maman, voyons, c'est logique. Mais comment tu le sais, maman ? Ben, lis les panneaux ! Où est le cimetière de Pantin ? Ben, devant toi parce qu'il y a marqué « cimetière de Pantin ». Mais enfin, maman, je vais pas lire pour toi. Julie, tu arrives à mettre ton GPS ?

Julie — Non, déso, les filles, je me maquille, là.

Camille — Maman, regarde la route, y a marqué « cimetière de Pantin » donc tu vas où ? Tu vas où, maman ? Maman ? De quoi ? Non, y a pas de piège. Tu prends... ? Tu prends la direction du panneau. Ben, tout droit. Non. Maman, maman, ça, c'est à gauche, c'est à gauche ! On va être à la bourre.

Isabelle — Ne me dispute pas.

Camille — Tu peux nous aider, Julie ?!

Julie — Mais sérieux, m'agresse pas !

Isabelle — Julie, on dirait ton oncle quand tu t'énerves comme ça.

Julie — What ? Mais d'où je ressemble à tonton ?!

Camille — C'est bon. On est arrivées. Un peu en retard, un peu stressées, mais on est arrivées. Le cimetière de Pantin, c'est immense. Il fait beau. Une légère brise. Ça donne un côté léger et joyeux.

Bon, c'est où ? Il doit y avoir un plan. Alors, c'est... là. Au carré juif ? Carré juif ? C'est super bizarre, non ? Carré juif.

JULIE — Bon, ça va, remets-toi, chérie. À mon avis, on va voir des trucs encore plus chelous. Rebecca a viré ultra-religieuse, elle porte des perruques maintenant.

ISABELLE — Rebecca ? Oh ! c'est pas vrai !

JULIE — Ben si, regarde, je l'ai aidée à choisir sa perruque sur WhatsApp.

CAMILLE — On est là, à la porte principale. On doit passer par la place centrale, l'allée centrale, et après on prend à... C'est immense. Combien de temps on va mettre pour aller jusqu'au... carré juif ? On va être à la bourre.

ISABELLE — Heureusement, il fait beau.

CAMILLE — On se met en route. Ma mère me demandait sans cesse...

ISABELLE — Ça va, ma tenue ?

CAMILLE — Quelque chose comme ça...

ISABELLE — Ça va, ma tenue ? Ça va ? Ma tenue ?

CAMILLE — Oui, quelque chose comme...

ISABELLE — Ça va, ma tenue ? Parce que vous, les filles, vous êtes très chics.

Julie — Merci, maman.

Isabelle — Et moi, ça va ? Ça va ? Je suis pas trop...

Julie — Trop quoi ?

Isabelle — Je suis pas trop...

Julie — Trop quoi ?

Isabelle — Ben trop...

Julie — MAIS MAMAN ! TROP QUOI ? Dis des mots, parle des mots !

Isabelle — Oh ! Julie, on peut rien te dire !

Camille — T'es très bien, maman. T'es très élégante.

Isabelle — Tu trouves ?

Camille — Oui, tu es une belle femme, maman. Tu es une belle femme.

Julie — Et moi ? Personne me dit que je suis une belle femme ? Putain... La famille, quoi.

Camille — On va être en retard.

Julie — Oh là là ! Mais t'es en boucle ! Eh, Camille, t'es en boucle parfois. Regarde, ça doit être là-bas, il y a du monde. Ah ouais. Putain. C'est Juif-Land, quoi. Moi j'adore. J'adore. Y a Reb' ! Rebecca !!! C'est pas trop tôt qu'elle arrive. Oh là là !

Jupe longue, pas un bout de peau qui dépasse, perruque vissée jusqu'au sourcil.

ISABELLE — Juge pas, Julie.

JULIE — Ah ! mais je juge pas son mode de vie, je juge son style. C'est super moche de se fringuer comme ça. Salut, Reb'.

CAMILLE — J'ai regardé Rebecca, je voulais lui dire : « Je pense que mamie t'attendait avant de mourir, mais comme t'arrivais pas, ben... Elle t'attendait, quoi. » Mais j'ai juste dit : « Ça va ? T'as fait bon voyage ? »

REBECCA — Oui, j'ai fait bon voyage. Merci. Mais il y a un problème.

CAMILLE — Quoi ?

REBECCA — Le rabbin...

CAMILLE — Quoi, le rabbin ?

REBECCA — Le rabbin est une femme, Camille. Seul un homme peut dire la prière des endeuillés.

CAMILLE — Oui. Mais elle a l'air très bien, elle a l'air d'avoir son diplôme de rabbin, cette dame.

REBECCA — Camille. C'est grave. Mamie va pas passer. Ce n'est pas bon. Il faut que ce soit un rabbin homme si on veut que mamie passe dans l'au-delà.

CAMILLE — Je me marre un peu, je lui demande : « Tu crois vraiment à ça ? » Reb' ne dit rien. Elle me regarde avec ses yeux perçants. Et au bout d'un moment : « Je ne sais pas pourquoi je m'adresse à toi, tu peux pas comprendre ce qu'être juif veut dire. » Et elle part.

JULIE — Ah ouais, elle a clairement de la buée sur le vasistas depuis qu'elle a intégré sa communauté religieuse. Tout ça parce que maman est goy.

ISABELLE — Oh ! Julie, dis pas ça. Où est votre père ?

JULIE — Ben, comme d'habitude. Là. Juste là. Il ne nous voit pas. Ça fait vingt minutes qu'on est là, Camille a déjà eu le temps de se prendre la tête avec un membre de la famille, mais lui ne nous a toujours pas remarquées. Papa ? Papa ? Putain, c'est fou, on est devant lui mais il ne nous voit pas. Putain, il me rend ouf.

ISABELLE — Votre père, il est dans son monde, hein ?

JULIE — Papa ! Papa !

ISABELLE — Thierry ! Thierry ! Ouhouuuu ! Titi !

THIERRY — Oh ! les filles, vous êtes là depuis longtemps ?

CAMILLE — Vingt minutes.

THIERRY — Je ne vous avais pas vues. Vous avez remarqué ? Y a rien qui vous choque ? Y a pas de poubelles ! Ça fait vingt minutes que je suis là et je suis scotché ! Je connais très bien le mec en charge de l'urbanisme, je vais lui faire un mail illico. Vous êtes chics, dis donc.

Camille — Merci. C'est un enterrement.

Thierry — Regardez, les filles, c'est le caveau de la famille.

Camille — Et alors là, je regarde le caveau et je vois une plaque.
Alors rien d'extraordinaire en soi, mais sur cette plaque assez vieille, il y a un nom, Rubin Portnoy, le nom de mon grand-père.
Papa, c'est la tombe de papy juste là ?

Thierry — Hein ? Ah oui ?

Camille — Comment ça, « ah oui » ? Papa, ton père est enterré ici et tu viens de le découvrir ?

Thierry — Non, non, je le savais, ça m'avait échappé.

Camille — Mais comment ça, « échappé » ? Pourquoi on n'est jamais venues là ? Pourquoi je ne le savais pas ? Tu le savais, toi, Julie ?

Julie — Reb' ! J'adore ta jupe !!! Tu l'as achetée à Tel-Aviv ?

Thierry — Oui, ça m'avait un peu échappé. Oui. Oui, c'est vrai. Mais tu sais. C'est comme ça. On oublie les choses. Et puis, tu sais, la famille Portnoy, on a toujours eu un problème avec le père, je crois, on est comme ça. On tue le père tout le temps. Dès qu'on peut, on tue le père.

Camille — À ce moment, vingt personnes, que des hommes, débarquent. Je ne les connais pas, je ne sais pas pourquoi ils sont là. Je regarde ma cousine. Qui sont ces gens ?

R**EBECCA** — Ils sont là pour dire le kaddish, ça c'est bien.

C**AMILLE** — Le quoi?

R**EBECCA** — Le kaddish, Camille, la prière des endeuillés.

4. CHEZ LA GRAND-MÈRE

CAMILLE — Quand je pense à ma grand-mère, je pense à la table de la salle à manger, au samovar, aux vases chinois et aux fauteuils rouges, à la table basse avec les petites figurines, aux photos sur la cheminée, au secrétaire dans l'entrée, au calepin avec les numéros de téléphone écrits en très gros, à la théière, la ménorah à côté de la radio.

Quand je rends visite à ma grand-mère, ça se passe dans la cuisine. Petite et chaleureuse. Mamie est là, elle écoute la radio. Autour du cou, elle porte un collier d'urgence à déclencher en cas de problème. À la fin de sa vie, elle est presque aveugle. Elle porte des grosses lunettes avec des verres orange pour essayer d'y voir plus clair. Ça lui fait une tête de chouette.

Tout le monde dit qu'on se ressemble, elle ne me croit jamais.

« Ah bon, tu trouves ? » Oui, mamie.

Ça me fait plaisir de ressembler à ma grand-mère. Elle se tient droite, elle a un visage sérieux. Elle m'impressionne et en même temps elle a quelque chose de doux, un sourire malicieux, un mystère.

On s'assoit l'une en face de l'autre, on mange sa tarte aux pommes et de la glace La Laitière, on boit de l'eau chaude citronnée.

« Bien chaude, l'eau, Camille. »

Les gens viennent chez elle, on vient parler avec mamie Anna Portnoy.

Politique, histoire, philosophie, religion, littérature. C'est une femme entière avec un beau regard sur le monde. Ma grand-mère, c'est l'amour de la discussion. Elle me dispute si je ne connais pas tel livre ou telle période historique. Petite, je ne la voyais pas trop, mais je me souviens qu'elle me parlait comme à une femme. Elle me faisait peur. J'ai appris à la connaître en grandissant et je l'ai aimée de plus en plus.

Mamie, c'est son appartement dans le 17ᵉ arrondissement mais aussi Serverette en Lozère, au mois d'août, où j'allais, petite, dans le château où elle s'était cachée, enceinte, pendant la Seconde Guerre mondiale.

Je lui raconte ma vie : « Je rentre dans ma vie de comédienne, c'est pas facile entre les périodes de travail intense et le rien. Tout le monde a une vie normée et moi je me sens en marge. C'est dur. Quand je rate une audition, c'est pire qu'une rupture. »

Ou encore : « Mamie, je suis perdue avec lui. Ça demande de l'énergie, un couple. Et en ce moment, on ne se parle presque plus. Est-ce que je me bats pour lui ? Comment on sait ça ? Comment tu sais, toi ? »

Et toi ? Qu'est-ce que tu me réponds, mamie ? Tu m'écoutes, je crois, c'est tout. Et j'ai l'espoir que tu me donnes des clés, que tu me dises : « Camille, y a des passages dans une vie. Ne t'inquiète pas, ma chérie, ce qui est important c'est que tu te réalises, toi. »

Ça, tu me le dis.

« C'est bien que tu fasses du théâtre, Camille. J'aime beaucoup le théâtre, j'adorais aller au théâtre quand j'étais jeune. J'ai même songé à devenir comédienne. Maintenant je suis vieille, j'y vois rien sinon je viendrais te voir. »

Mamie, raconte-moi ! J'adore quand tu me racontes la Pologne.

« Oh ! Camille ! Pourquoi tu viens écouter des histoires comme ça ? Des histoires sans intérêt de vieilles personnes. »

Sur l'étagère dans la salle à manger, il y a une photo en noir et blanc avec des gens de sa famille.

« Tu veux bien me la donner, Camille ? Là, la dame qui a l'air un peu maigre, c'est ma maman. »

J'écoute mais je ne mémorise jamais les prénoms des gens sur cette photo. J'adore qu'elle me raconte sa vie mais je ne m'en souviens jamais.

Où sont passées les histoires ? J'avais besoin qu'elle me les raconte.

Elle me les a toutes racontées.

Et j'ai oublié.

Ils étaient sévères, tes parents ?

« Oui. »

C'est bizarre de ne pas être câlin avec ses enfants.

« T'es pas tolérante, Camille. » Ce n'est pas vrai.

« Tu n'es pas patiente, Camille. »

Tu l'aimais, papy ?

« Oui. »

Tu m'emmèneras en Pologne, un jour ?

« Je sais pas, ma chérie, j'arrive pas bien à marcher. » On ira avec papa ? « Camille, je sais pas. »

Un soir, Dina, ton auxiliaire de vie, est rentrée avec les radios.

J'ai tout de suite compris.

Ma grand-mère avait quatre-vingt-douze ans.

À l'évidence, quand on a quatre-vingt-douze ans et qu'on dit qu'on a fait son temps sur cette terre, on s'attend à un jour trouver des radios où tout fout le camp à l'intérieur.

« Faudra pas être triste quand je vais mourir, j'ai vécu ce que j'ai à vivre ici, c'est à vous maintenant. » Moi j'aimerais bien que tu sois là pour assister à tout ce que j'ai à vivre ici, mamie.

Je ne voulais pas partir de chez toi, ce soir-là. Tu m'as foutue dehors.

« Écoute, je suis une vieille dame, faut que je dorme, tu peux pas rester là tout le temps. Tu reviendras plus tard. »

Alors je suis partie. Je n'ai pas pensé à te dire :

« Gratte-moi les cheveux, mamie, et chante-moi la chanson en polonais. »

C'était un de nos rituels, avec ma grand-mère : on allait dans le salon, je posais ma tête sur ses genoux, elle me caressait les cheveux en chantant une chanson en polonais.

C'était tellement bien.

En échange, elle me demandait de rouler une cigarette et de la fumer à côté d'elle pour qu'elle puisse sentir l'odeur. Elle n'avait plus le droit de fumer.

J'ai pris le métro, j'ai croisé par hasard ma sœur. Mais je commençais à ne plus vraiment croire au hasard.

JULIE — Truc de ouf! Qu'est-ce que tu fais là, chérie? Tu pleures?

CAMILLE — Je sors de chez mamie. Elle va mourir.

JULIE — NON?! Quand?

5. CHEZ ISABELLE

Camille — C'est à l'enterrement que j'ai pris ma décision.

Isabelle — Aller en Pologne ? Tu es sûre que tu veux aller en Pologne, ma chérie ? Parce qu'il faut s'écouter, il y a des gens qui peuvent et d'autres qui ne peuvent pas.

Camille — Je ne sais pas, maman, c'est bien parce que je me sens hyperfaible que je me sens la force d'y aller. Je ne me souviens de rien de ce que mamie m'a dit sur sa vie.

Isabelle — Et ton père ? Ça ne l'intéresse pas, ce voyage ?

Camille — Écoute, maman, quand je lui ai proposé l'idée d'aller en Pologne, il a répondu : « Oui, oui, enfin on en parle plus tard ? C'est dans huit mois, c'est un peu tôt, là. » Quand je lui en ai reparlé trois mois plus tard, il m'a dit : « Mais, ma chérie, c'est un peu tard, là, faut que je m'organise, je suis charrette, moi. » Ce n'est vraiment pas un élément sur lequel je peux compter.

Isabelle — Et ta sœur ? Julie ! Tu ne voudrais pas accompagner ta sœur en Pologne sur les traces de mamie ?

Julie — C'est quand ? Samedi prochain ? Déso, j'ai un EVJF, chérie.

Isabelle — Mais, Julie, c'est important pour ta sœur…

Camille — C'est bon, c'est bon, c'est un voyage que je dois faire seule. C'est mieux comme ça. Je vais aller faire un saut dans la vie de mamie, peut-être en apprendre un peu plus sur tous les gens de cette photo terrifiante et dont j'oublie tout le temps les noms. Ça me donnera sûrement des éléments de réponse sur moi, sur ce vide que j'ai parfois en moi, sur pourquoi, à dix ans, j'étais terrorisée à l'idée que ma famille disparaisse. Peut-être que ça apaisera mes peurs irrationnelles et toutes mes questions.

Isabelle — Tu te poses des questions, ma chérie ?

Camille — Oui. Par exemple, pourquoi papa ne nous a pas transmis les rites juifs ?

Isabelle — Ça se transmet par la mère, Camille.

Camille — Peut-être, mais pourquoi même pas un petit peu ? Ça reste notre histoire.

Isabelle — Camille, là-bas, ce n'est pas que l'histoire de ta grand-mère, c'est terrible ce qu'il s'y est passé.

Camille — Je sais. Je sais, maman.

6. LE VOYAGE EN POLOGNE

Camille — Je suis arrivée à Lodz. La ville où ma grand-mère est née. C'est petit et charmant. Il y a un soleil de printemps, un grand ciel bleu, c'est très agréable, mais la ville ne ressemble en rien à la description que tu m'en faisais, mamie.

« C'est une ville industrielle avec de hautes cheminées qui crachent de la fumée noire. Quelle poussière ! »

Mais pas du tout, mamie.

« La communauté juive était très bien structurée, nous avions nos écoles, nos hôpitaux, nos librairies. Il y avait 600 000 habitants à Lodz, et 300 000 étaient juifs. »

Eh ben, il n'y a plus personne.

Je ne vois aucune communauté juive ici.

C'est juste...

Très...

C'est très hipster, la Pologne.

Les jeunes, ils sont très... Ils sont...

Le sweat à capuche.

Les barbes bien taillées.

Le petit tattoo tendance.

Les magasins au design épuré.

Les meufs avec les petits piercings au nez et le petit short déchiré bien comme il faut...

Tu sens qu'Instagram est pas loin. Il flotte dans l'air.

Et puis avec l'attitude qui va avec... Un truc volontairement détaché, un peu froid sans avoir l'air d'y toucher... Les jeunes — je parle des jeunes —, il y a un truc... Il y a une distance...

Tu souris, ils sourient pas, quoi... C'est très...

Très...

Je sais pas si j'aime...

En même temps, il y a ces vieilles bâtisses en briques rouges, les restes des maisons de l'époque de ma grand-mère...

Je suppose... J'en sais rien, à vrai dire, puisque le nom des rues a changé depuis les années vingt. Je ne peux même pas retrouver sa maison d'enfance. Alors je me mets à inventer. Deux mondes se côtoient, et entre les deux y a moi.

Aucun des deux ne me satisfait complètement. Je suis là, traînant ma peine à la rencontre d'une famille que je ne connais pas, dont je ne sais rien. J'ai oublié les visages de la photo. À quoi est-ce que je m'attendais ?

Je cherche la trace de mamie et de mes ancêtres dans la rue. Je vois des théâtres.

« J'adorais aller au théâtre quand j'étais jeune, Camille. »

Je passe devant une vieille école, je l'imagine en tenue d'écolière sortir en courant.

En marchant, je découvre, dans une cour au fond d'une autre cour, une petite synagogue en pierres roses. La seule restée debout à Lodz après la guerre. Elle est fermée. Peut-être que mes grands-parents venaient là.

Mes pas me mènent devant le cimetière juif. Il est grand. Il n'y a pas de carré juif ici. Les tombes sont recouvertes de feuilles, les arbres poussent entre les tombes.

Je ne trouve aucun nom en lien avec ma famille. Je me pose dans un endroit isolé.

Ici.

Ici, c'est tranquille.

Chant.

(À ses ancêtres :) Je suis votre petite-petite-petite-fille, j'habite en France, je suis née à Paris, j'aurais aimé vous connaître. Vous pouvez m'accompagner pendant ce voyage, s'il vous plaît ? Ça m'aiderait à savoir qui je suis.

Elle se recueille un moment.

COLETTE — Mademoiselle ?

CAMILLE — J'ouvre les yeux. Une femme me regarde. Derrière elle, un homme. Un couple. Ils sont beaux, ils ont l'air de s'aimer. La femme me demande...

7. LES ANGES

COLETTE — Vous avez besoin d'un renseignement ?

CAMILLE — Et je me dis : OH OUI ! DES FRANÇAIS !
L'homme s'appelle Marcel. La femme, Colette. Nous nous promenons dans le cimetière. J'ai l'impression que ce sont mes parents temporaires.

COLETTE — Camille, on vous a déjà dit que vous ressembliez à Michèle Laroque ?

CAMILLE — Oui, on me l'a souvent dit, mais ça faisait long-temps. Je fais le même métier que Michèle, mais je gagne moins d'argent.

COLETTE — Vous êtes comédienne ? Marcel, la jeune fille est comédienne. C'est drôle, ça, parce que notre fille aussi est comédienne. Qu'est-ce que vous faites ici ?

CAMILLE — Ma grand-mère et sa famille vivaient ici avant la guerre. Je fais des recherches.

COLETTE — Ah. Et votre grand-mère... euh...

CAMILLE — Oui, elle était juive...

COLETTE — Ah... elle était juive, la grand-mère de la jeune fille, Marcel. Mais, Camille, rassurez-nous, il n'y a personne de votre famille qui a fini à...

CAMILLE — ... Auschwitz ou Treblinka ? Je ne sais pas... C'est très dur de savoir. Je sais qu'ils étaient d'abord dans le ghetto de Lodz puis celui de Varsovie. C'est tout. Entre l'accélération de l'extermination et le soulèvement du ghetto, je ne trouve aucune trace... J'essaye de savoir s'ils ont fini ici ou... là-bas. Ils faisaient partie des juifs non listés.

Un temps.

COLETTE — Camille, c'est drôle que vous nous racontiez ça, parce que... notre gendre travaille pour le musée de l'Histoire des Juifs polonais. Il a déjà aidé beaucoup d'amis à nous. On va vous donner son numéro, il s'appelle Matan, il vit à Varsovie. Allez le rencontrer, il est adorable !

CAMILLE — Dans ma tête, je me suis dit : c'est un signe, ce sont mes anges !

COLETTE — C'est drôle, quand même. Les choses font parfois écho de manière très étrange. Comment s'appelait-elle, votre mamie ?

8. LES ARCHIVES

Matan — Chawa… Chawa Adunska ? Vous m'avez dit Adunska ?

Camille — J'aime bien Matan. Il a son bureau dans le musée de l'Histoire des Juifs polonais. Je suis rentrée ici sans rien à lui donner. Seulement l'adresse de là où vivait mamie, petite.

Il continue de taper rapidement sur son ordinateur, ça me déçoit un peu. Je m'attendais à un vieux bibliothécaire, avec des petites fiches jaunies, mais en fait non. Pas du tout. C'est juste un ordinateur avec une barre de recherche.

Matan — Écoutez, madame Portnoy, même si nos archives remontent jusqu'au XIVe siècle, elles sont incomplètes à cause de tout ce qui s'est passé entre 39 et 45. Des familles entières ont été rayées de toutes les mémoires. Les habitants du ghetto ont eu la présence d'esprit de collecter toutes formes de témoignages et les ont enfouis sous terre dans l'espoir de conserver une trace des personnes disparues ici et de retisser le lien.

Alors, Chawa Adunska. L'idéal serait un acte de naissance. Vous avez de la chance, je l'ai. J'ai même le contrat de mariage de ses parents, là : Rubin Adunski, votre arrière-grand-père, et Chaya Sura Adunska née Wenberger, votre arrière-grand-mère. Ils ont eu deux enfants : Benio Adunski et Chawa, votre grand-mère. Benio s'est marié avec Stella Portnoy, et Chawa a épousé Rubin Portnoy, le frère de Stella. Un double mariage, donc.

Chaya Sura Adunska avait quatre sœurs et un frère.

J'ai une certaine Anne Wenberger qui a eu quatre enfants.

Un Henri, un Jonas.

Le reste, je vois pas.

J'ai également Regina Wenberger qui s'est mariée à un certain Eljor ; ils ont eu un fils nommé Georges.

C'est tout ce que je trouve.

CAMILLE — Je crois qu'il y avait un autre frère du côté Portnoy, Sioma, qui était marié à une certaine Estelle, et ils avaient un enfant.

MATAN — En effet. Et toujours côté Portnoy, vos arrière-grands-parents s'appelaient Nathan et Rose Portnoy ; j'ai leurs photos et leurs pièces d'identité. D'ailleurs, regardez, j'ai retrouvé une photo d'identité de votre arrière-grand-mère, il y a quelque chose...

CAMILLE — J'ai aussi une adresse. La maison d'enfance de ma grand-mère.

Grâce à son ordinateur, Matan réussit à retrouver le nom actuel de la rue et le numéro de l'immeuble où elle a vécu toute son enfance. Il va sur Google Maps.

MATAN — Elle vivait là. Si vous prenez cette rue, vous serez devant l'immeuble de votre grand-mère. On va zoomer un peu... On dirait qu'il est à l'abandon. Son école était là. Empruntez cette rue, et vous y serez. Tenez, d'ailleurs, je pense que c'est le chemin qu'elle faisait pour y aller puisque cette avenue n'existait pas encore. Vous serez littéralement dans les pas de votre grand-mère. D'ailleurs, c'est très joli, c'est très joli cet endroit.

CAMILLE — Je me rends compte que c'est l'école devant laquelle je me suis arrêtée en espérant que ce soit celle de ma grand-mère.

MATAN — Et tenez, regardez ce document. Je suppose que vous ne vous attendiez pas à ça.

9. LA PRISON

CAMILLE — Ma grand-mère a fait de la prison. Jeune mamie Portnoy, ma mamie aux tartes aux pommes, était inscrite au parti communiste polonais illégal à l'époque. J'imagine mon arrière-grand-mère, cette femme au visage strict sur la photo terrifiante, très religieuse, tout habillée en noir — je ne sais pas pourquoi, je l'imagine tout le temps habillée en noir —, se rendre compte que sa fille est une communiste militante.

CHAYA — Non, mais ça ne va pas, Chawa ? Tu te rends compte de ce que tu fais ? Hoyhoyhoy, Seigneur tout-puissant, aide notre famille… Chawa, Chawa, je n'ai rien dit quand tu voulais aller à l'université, bien que j'aie toujours trouvé ça très étrange comme désir. Je n'ai rien dit, j'ai accepté, j'ai accepté que tu y ailles. Je n'ai rien dit quand tu as commencé à protester contre les conditions faites aux étudiants juifs, pourtant je le voulais, Dieu tout-puissant m'en soit témoin, je voulais te dire : « Hé, Chawa, tu t'attendais à quoi, exactement ? » Évidemment que les juifs n'ont pas l'autorisation de s'asseoir avec les goys, évidemment qu'ils se font taper régulièrement par des bandes de jeunes, mais je n'ai rien dit.

Je n'ai rien dit non plus quand tu as commencé à faire tes manifestations avec tes copains trotskistes, mais enfin, Chawa, personne ne reste debout pendant quatre heures de cours magistraux sur le droit administratif juste parce qu'il veut s'asseoir à côté d'un goy !

Tu vois, je n'ai rien dit et pourtant tu nous en as causé, du souci et des palpitations, à moi et à ton père ! Ne parlons pas de l'inquiétude de ton père. Chawa, Chawa, Chawa, regarde-moi. Qu'est-ce que tu as fait ? Comment ça, « rien » ? Alors pourquoi je te parle à travers des barreaux de prison ? Chawa ! Tu as quoi ? Quoi ? Parle plus fort, je ne t'entends pas ! Tu es allée à la manifestation du 1er Mai ? Hoyhoyhoy, Chawa. Écoute, ton frère pense pouvoir te sortir de là. À première vue, ils n'ont rien trouvé de compromettant dans ta chambre. De toute façon, il n'y avait rien de compromettant dans ta chambre, n'est-ce pas, ma fille ? N'est-ce pas ? Ma fille ? Pourquoi tu baisses les yeux ? Lève les yeux ! Lève les yeux ! Regarde ta mère ! Des quoi ? Des timbres ? Qu'est-ce que c'est que cette histoire de timbres ? Tu vends des timbres pour soutenir les républicains espagnols ? Franco ? *Ver iz* Franco ? Chawa… Où as-tu caché les timbres ? Ton père doit les brûler le plus vite possible pour s'éviter les ennuis ? Dans… ? Dans ta poudre à dents… Hoyhoyhoy ! Qu'est-ce que j'ai fait à Dieu ?

J'ai mis au monde une communiste qui va amener le déshonneur sur notre famille ! Mais si ! Mais si ! Tout le monde à Lodz sait que tu es en prison ! Mais si ! Ils t'appellent tous « la nouvelle Rosa Luxemburg » ! Tu sais comment elle a fini, la Luxemburg ? Une balle dans la tête ! Ça te… Ça te flatte ? Je… Je vais rentrer. Non, je ne veux plus te parler, Chawa. Une chose est sûre : nous allons te faire sortir d'ici, tu vas rentrer à la maison, tu n'iras plus jamais à l'université, et ton père et moi allons tout faire pour te mettre un peu de plomb dans la tête faute d'y recevoir une balle.

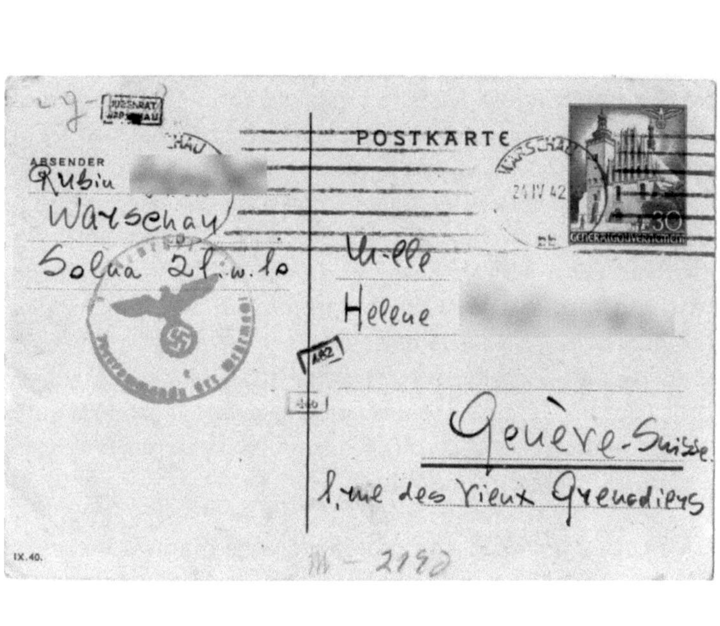

POSTKARTE
ABSENDER
Rubin
Warschau
Solna 2 l. w. lo
Mlle
Helene
Genève-Suisse
l, rue des Vieux Grenadiers

Camille — Quelques mois après, de retour à Lodz, ma grand-mère a rencontré Rubin Portnoy, le frère de Stella. Mon arrière-grand-mère devait être ravie.

Chaya — Chawa, Chawa, regarde. Il est beau, hein ? Si, il est beau. Tu vois, toi aussi tu dis qu'il est beau. Tu sais qu'il va être docteur. Et qu'il vit en France ? Quelle arnaque ? Il n'y a pas d'arnaque ! Il te regarde ! Si, il te regarde ! Oh ! seigneur dieu, il te regarde et il te sourit ! Tu vois, toi qui pensais qu'il ne te remarquerait jamais à cause de ton vilain menton et de tes hanches trop grosses… Va marcher avec lui ! Va te promener ! Chawa, je suis ta mère, va te promener avec lui. Chawa, je sais que tu as déjà marché avec des garçons. Je te demande de marcher officiellement avec lui ! Et de parler aussi. Et peut-être il te demandera ta main ! Oh ! Chawa, ça serait formidable ! Que cet homme désiré par tant de femmes et qui dit : « Jamais, jamais je ne me marierai avec une Polonaise, vous êtes trop coquettes, trop superficielles ; bref, tous les défauts » te demande ta main ! Je pourrai enfin mourir en paix. N'est-ce pas, Chawa ? N'est-ce pas ? N'est-ce pas que ce serait formidable ?

Camille — En 1938, ma grand-mère se marie à Varsovie. Rubin vient d'être naturalisé français donc elle le devient automatiquement. À vingt ans, elle quitte la Pologne pour aller s'installer en France, à Montpellier, où mon grand-père doit finir ses études de médecine. La suite, je la connais. La guerre a éclaté, ils se sont installés en Lozère pour que mon grand-père pratique la médecine.

Peu de temps après, il a reçu cette lettre : « J'ai l'honneur de vous informer que conformément aux instructions données par la Police aux questions juives (et en application du décret

ПОЧТОВАЯ КАРТОЧК
CARTE POSTALE
Куда Montpellier (Hérault) Франция
Район, село или деревня
12 rue Boussairolles, 12
Кому Dr R. chez Mele
ПОЛЬЗУЙТЕСЬ АВИАПОЧТОЙ
Адрес отправителя
Adresse de l'expéditeur
1 ю мая 49/4

CARTE POSTALE
Via Suisse.
Unbekannt
Inconnu
EXPÉDIT
DESTINATAIRE
Docteur
Serverette
(Lozère)
France
Frau Rosa
Brest Litowsk
Piotrowskastr, 49
Ostland
RETOUR
À L'EXPÉDITEUR

du 2 août 1941), vous êtes radié du tableau de l'Ordre des médecins de la Lozère (à la date du 1er mars 1942). En vous remerciant des services que vous avez rendus à la population lozérienne, je vous prie, Docteur, d'accepter l'expression de mes salutations distinguées. Monsieur le Préfet. »

ÉTAT FRANÇAIS

Mende, le   1er Août   1942

Le Préfet de la Lozère

à Monsieur le   Docteur

à S E R V E R E T T E   (Lozère)

Docteur,

Conformément à la décision de Monsieur le Commissaire Général aux Questions Juives, et aux instructions de Monsieur le Secrétaire d'Etat à la Santé, j'ai l'honneur de vous informer que vous devez cesser immédiatement l'exercice de la médecine en Lozère.

En vous remerciant des services que vous avez rendu à la population Lozérienne, je vous prie, Docteur, d'accepter l'expression de mes salutations distinguées.

LE PREFET,
Pour le Préfet et par délégation
Le Secrétaire Général

10. LA CACHETTE À SERVERETTE

CAMILLE — C'est à partir de là qu'ils sont partis à Serverette, en Lozère, pour aller se cacher chez des amis qui possédaient un château. Pendant cette fuite, ma grand-mère était enceinte de mon oncle.

Quand j'ai réalisé ça, la première question que je me suis posée, c'est : « On a envie de faire l'amour dans ces moments-là ? »

Parce que moi, vraiment, j'en ai aucune envie au moindre coup de stress. Aucune. Je travaille beaucoup, j'ai pas envie, je suis au chômage, j'ai pas envie… Alors forcément, la Seconde Guerre mondiale, pour moi, c'était pas le meilleur moment pour faire un bébé.

Je l'imagine énorme, avec des difficultés à se déplacer, coincée dans une chambre, à ne même pas pouvoir sortir se dégourdir les jambes. À ne pas pouvoir accéder à la cuisine, alors qu'enceinte tu devrais pouvoir combler tes besoins à n'importe quel moment.

Je veux dire…

Moi.

Même pas enceinte.

J'ai besoin d'avoir accès au frigo, à mon confort… Alors en attendant un bébé…

Et puis la famine, être là, faible, à se cacher dans un château en ayant l'impression d'être en prison. À se demander : « Ça va durer encore combien de temps ? Combien de temps enfermés dans cette chambre ? Combien de temps ça va durer encore, cette guerre ? Combien de temps à taire mes angoisses lorsque je sens un problème ? »

Moi, quand j'ai des inquiétudes, je fonce chez le docteur, à l'hôpital, je googlise.

Pour moi, les seules questions que je me pose sur la grossesse c'est…

Accouchement naturel ou sous péridurale ?

Chant prénatal, c'est bien ça, le chant prénatal ?

L'haptonomie, pour inclure le père, c'est bien, ça, non ?

Dans l'eau ? Il paraît que c'est formidable pour le bébé, ça.

Alors que, elle, c'était : « Comment je vais faire ? »

Juste ça.

Et en même temps le flot de questions qui vient avec.

Juste ça.

« Je vais accoucher seule ?

Je saigne, que faire ?

Je ne peux pas marcher sans saigner.

La dame qui va me faire accoucher, c'est qui ?

Je peux avoir confiance en elle ?

Je ne la connais pas !

Il faudra que je prenne une voiture pour aller à Saint-Flour.

C'est loin.

Qui va m'y emmener ?

Rubin ? Rubin, mais avec quelle voiture ?

C'est M. Vidal qui va m'emmener ?

Il faudra m'aider, me porter à cause des hémorragies.

On a prévu l'essence ?

Ça peut arriver à n'importe quel moment et je ne veux pas qu'on tombe en panne au bord de la route.

Et si je me fais arrêter ?

Il me faut peut-être des faux papiers ?

Combien de temps ça met à faire ?

Ça coûte cher ?

On a l'argent ?

Est-ce qu'ils vont me demander où j'habite ?

Où est mon mari ?

Rubin va rester là ?

Je serai toute seule, alors ? Il le verra quand, notre enfant ?

Je vais rester combien de temps là-bas ?

Est-ce que je vais mourir ? Ben je ne sais pas.

Est-ce que c'est une bonne nouvelle ?

Un évènement heureux d'être enceinte, là, maintenant ? On va lui dire quoi, à cet enfant ?

Si la guerre s'éternise, on va lui dire quoi ?

Il faut qu'on lui donne un faux nom ?

Un nom français ?

Et déclarer qu'il est né de parents inconnus ? »

Et après tu t'étonnes qu'on soit tous tendus dans la famille. Ça fait peur.

Tout ce qu'on se transmet comme ça.

De ventre à ventre.

Ces angoisses viscérales qui ne nous appartiennent pas. Fonder une famille, c'est mourir un peu ? Ne pas pouvoir crier les contractions, c'est naître en paix ? S'il n'y a que des petites filles Portnoy dans notre famille, est-ce parce qu'il faut que notre nom disparaisse ?

11. RETOUR AUX ARCHIVES

CAMILLE — « Je suis restée seule de toute la famille, je vous rejoins en France dès que je peux. Stella. » Je l'ai trouvé chez ma grand-mère. C'est un télégramme de ma grand-tante. Qu'est-il arrivé aux autres ? Je voudrais savoir. Qu'est-ce que ça veut dire, « restée seule de toute la famille » ?

MATAN — Sioma, Estelle et leur bébé ont fait un suicide collectif dans le ghetto.

Nathan Portnoy serait mort de vieillesse en 1939.

Rose Portnoy, morte de maladie, 1939.

Rubin Adunski, mort de faim, 1941.

Chaya Sura Adunska, morte de faim, date inconnue.

Benio Adunski, mort par balle en 1943.

Anne Wenberger, disparue.

Henri, disparu.

Regina Wenberger, disparu.

Eljor, disparu.

Georges, disparu.

CAMILLE — Où sont-ils, maintenant ? Dans les décombres du ghetto ? Dans une fosse commune ? Sous mes pieds ? Où est enterrée ma famille ?

Matan a continué à m'expliquer pourquoi je n'ai plus aucune trace d'eux.

Je pensais savoir, on en parle depuis le collège de la Seconde Guerre mondiale. Mais je ne savais rien. Et les mots et les images m'ont fouetté le visage jusqu'au sang.

Devant mes yeux, ce mécanisme, progressif, protocolaire, vicieux, a déployé tous ses rouages.

Pour que tous disparaissent, pour que toute trace de leur existence soit détruite.

Sans qu'ils ne puissent remarquer le chemin qui les menait à l'abattoir.

Quand et comment se révolte-t-on contre une logique administrative implacable ? Aussi absurde et perverse soit-elle ?

On broyait leurs os.

Je n'ai pas les mots.

Pour moi, être juive, ce ne sont pas les fêtes ni les rituels, ce n'est ni la Torah, ni la ménorah, ni le *gefilte fish*, ni les films des frères Coen, ni la solidarité de la communauté.

Ce ne sont pas que le manque des biens spoliés.

Pour moi, être juive, c'est la non-rencontre avec ma famille. C'est la rupture. Nette, forcée. À un moment ou à un autre avec mon histoire.

De retour de Pologne, j'ai compris que je n'étais pas d'origine polonaise, je suis d'origine juive polonaise, et encore, je ne suis pas juive, pas juive comme on attend de moi que je sois juive.

Mais je porte en moi le trauma, l'absence, la peur et la fuite comme n'importe quel enfant héritier de l'holocauste.

12. RETOUR À L'ENTERREMENT

Camille dépose des cailloux sur le tombeau de sa grand-mère.

Camille — À la fin de l'enterrement, ma tante s'est approchée de mon père.

La tante — Thierry, tu peux venir voir deux petites minutes, s'il te plaît ? C'est toi qui as fait mettre le nom sur la tombe ?

Thierry — Oui.

La tante — Thierry... Anna Portnoy, c'est moi.

Thierry — Ah bon ?

La tante — Ben oui, Anna c'est mon prénom, j'ai épousé ton frère, je suis devenue Portnoy. Anna Portnoy, c'est moi.

Thierry — Ah oui.

La tante — Tu aurais dû mettre Chawa, son prénom polonais, Portnoy née Adunska.

Thierry — Ah oui, peut-être.

La tante — Ce n'est pas grave, Thierry, allons manger.

13. LE RESTAURANT

CAMILLE — Tout le monde avait faim. C'est étrange, d'ailleurs, de se faire une bonne bouffe après avoir enterré mamie… Ici, j'ai pas l'espace de me remplir, c'est le genre de moment où je me sens vide. Mon oncle nous a tous invités dans un resto très chic en plein Paris.

L'ONCLE — Écoute, Camille, ma chérie, ça te va pas d'être ici, mais tu aurais voulu quoi ? Hein ? Qu'on se fasse chier comme des chèvres à faire la bouffe puis la vaisselle ? Là, on est bien, on s'assoit, on se fait servir, et on a plus de temps pour rester en famille, c'est beaucoup plus pratique.

CAMILLE — Tout ce que je dis c'est que j'ai un jardin, je me disais qu'on aurait pu faire un truc plus convivial.

L'ONCLE — Camille, tu vas pas nous faire chier avec ton jardin ! On va au resto, on va resto. L'histoire est close. En tout cas, vous êtes très chics, les filles.

CAMILLE — Franchement, on va parler de ça, aujourd'hui ? On enterre mamie et on va parler du fait qu'on est très chics.

ISABELLE — Mais, Camille, sois pas susceptible, il te dit que tu es très chic.

Camille — Ben oui, je suis très chic, on est toujours très chics, mais là j'ai envie d'entendre autre chose, je trouve ça superficiel, j'ai envie d'entendre autre chose que « t'es belle », c'est pas la question.

Julie — Moi je trouve que ça fait toujours plaisir.

Thierry — Mais, Camille, tu prends tout mal, tu vas encore nous sortir un discours féministe.

L'oncle — Ah ! ben oui, Thierry, elle va nous sortir un discours féministe de merde ! On te dit que tu es très chic, tu dis merci.

Rebecca — Euh... c'est casher ?

Thierry — Ah... ben, j'en sais rien, Rebecca.

Rebecca — Ben, si c'est pas casher, je peux pas manger. On fait un enterrement juif pour mamie, et on mange pas casher ?

L'oncle — Mais toi aussi, là, tu vas pas nous faire chier avec ton resto casher !

Julie — Moi, je mange pas de viande, c'est idéologique, c'est pour sauver la planète.

L'oncle — Julie, qu'est-ce que c'est que ces conneries ?

Camille — Moi je trouve ça bizarre de manger après un enterrement. J'ai pas faim quand j'enterre quelqu'un, je trouve ça bizarre de boire du bon vin.

L'ONCLE — Et la maniacodépressive qui revient ! Tu sais ce que c'est, ton problème, Camille ? Tu es une mélancolique, tu l'as toujours été, petite déjà tu étais une mélancolique, c'était impossible de te garder quand tu avais dix ans, avec tes terreurs nocturnes et tes obsessions morbides sur le passé. Le passé, c'est le passé. Laisse les choses mortes, mortes, au lieu d'essayer d'y trouver des réponses.

Vis un peu ! Bon. Allez, tout le monde mange. Bon appétit à tous. À mamie !

Un temps.

CAMILLE — Fais comme Julie, Reb', mange végétarien. Mais oui, maman, c'est normal que tu sois là. Non, Julie, on n'a pas le droit de fumer dans les restaurants depuis la loi Évin. Oui, papa, c'était cool de vous voir tous. Je vais y aller, je vais jouer, enfin je vais travailler.

L'ONCLE — Ben c'est très bien, ma chérie, travaille bien, joue bien. Tu joues où ?

CAMILLE — Pas à la Comédie-Française, tonton.

L'ONCLE — Ben c'est pour ça que je ne viens pas te voir ; je viendrai te voir quand tu seras à la Comédie-Française.

14. LA LOZÈRE

CAMILLE — En revenant de Pologne, je suis retournée à Serverette, en Lozère, dans le château où mes grands-parents se sont cachés pendant la guerre, là où ma grand-mère a perdu les eaux.

Je n'y étais pas retournée depuis mes sept ans. Quand j'ai des périodes émotives fortes, mes cycles sont perturbés. Là, ça faisait huit mois que je n'avais pas coulé.

Je suis arrivée de nuit, j'ai reconnu, avec son petit muret, la grille du château. Je suis rentrée. Il y a un grand jardin, une plaine. Petite, ça me faisait peur ; là, je trouve ça magnifique. Et puis la maison, une jolie maison de maître, c'est un lieu magique. J'ai touché les pierres de la maison, je me suis posée au milieu de l'herbe, j'ai pleuré et j'ai coulé directement.

J'ai souvent cherché un sens à être là où je suis.

Et ce soir, au milieu de ces pierres, à respirer cet air familier, je me suis dit : « C'est bon, c'est là. » Je ne veux pas que ça se perde, cette maison. J'ai regardé la chambre où ils se sont cachés, je veux que ça reste là, cette maison. Le jour où je serai enceinte, je viendrai accoucher là, sur ce perron, où il y a des photos de mon père, mon oncle, ma tante

Où nous avons pris les mêmes photos, ma sœur, moi et ma cousine.

Je veux les mêmes avec mes enfants, je veux perdre les eaux sur ce perron, je veux que ça saigne, que ça crie, que mon enfant crie là, hurle la naissance, un hurlement joyeux de vie profonde.

Dans mes entrailles plus que jamais, je suis vivante.

15. CHAWA (LA GRAND-MÈRE)

CHAWA — Je m'appelle Chawa Portnoy. Je suis née un samedi après-midi, le 21 juillet 1917. J'ai grandi entre mes parents, mon grand frère et tous les voisins de l'immeuble où nous habitions. On allait les uns chez les autres, entre enfants, là où il y avait d'autres petites filles. Le vendredi soir, toutes les familles se réunissaient, on allait à la *Schule* pour prier, maman allumait les bougies, il y avait deux *hallot* sur la table qu'on bénissait au *Kiddoush*, on mangeait du *gefilte fish*, la carpe farcie, ou le bouillon de poule avec les nouilles... Les repas comme dans toutes les maisons juives un vendredi soir. Après le repas on chantait les *Zemirot*, papa nous lisait des histoires imprimées dans un journal yiddish, souvent très drôles, écrites par Cholem-Aleikhem, Peretz ou d'autres. Ainsi se prolongeait la soirée autour de la table. Les bougies s'éteignaient doucement, éclairaient la belle nappe blanche et nos visages réunis tout autour. Le lendemain, c'était la grasse matinée et on recommençait à manger les gâteaux cuits la veille. Puis papa retournait à la *Schule* et à son retour on se remettait à la table pour déguster le *tshulent*. C'était un plat de pommes de terre, haricots blancs, viande, etc., qui cuisait dans un pot en terre bien couvert toute la nuit au four du boulanger qui avait sa boulangerie dans la maison où nous habitions.

C'était un shabbat calme, paisible où le temps s'écoulait sereinement et où rien, absolument rien ne pouvait nous atteindre.

FIN

4/ soir. Après le repas on chantait le zemirot(hs)
Papa nous lisait des histoires imprimées dans
un journal yidich, souvent très drôles,
des auteurs connus comme Sholem
Aleichem, Peretz ou d'autres – Et ainsi
se prolongeait la soirée autour de la table,
les bougies qui s'éteignait doucement
et éclairait la belle nappe blanche
et nos visages réunis tout autour, car
le frère de maman, oncle Michel, qui
habitait la même ville venait se joindre
à nous. Le lendemain c'était la grasse
matinée, et on recommençait à manger
les gâteaux cuits la veille. Puis Papa
retournait à la shoul (Bet dichran.)
et à son retour on se remettait à table
pour déguster „ le tchoulent". C'était un plat
de p.de terre, haricots blancs, viande oche.
qui cuisait dans une pot en terre, bien tou...,
toute la nuit au four du boulanger qui
avait sa boulangerie dans la maison où
nous habitions. C'était un shabath calme,
serein. Nous enfants jouait
les amis venaient bavarder entre grandes
personnes. Il n'y avait un télé ni radio, même
quand j'étais toute petite pas d'électricité.
On s'éclairait au gaz et personne ne s'ennuyait!
Je devais avoir 5 ans quand maman est tombé
malade (des grosses crises d'asthme) et ne
pouvait s'occuper de moi

L'AUTRICE

Entre 2004 et 2006, Maud Landau se forme au théâtre national de Chaillot, puis intègre, de 2006 à 2009, l'Académie internationale des arts du spectacle, dirigée par Carlo Boso. Elle participe également à plusieurs stages, notamment dirigés par Pierre Debauche, Daniel Mesguich, Ariane Mnouchkine et Éric Blouet. Elle est, par ailleurs, diplômée d'une licence d'arts du spectacle-théâtre et d'une licence de médiation culturelle.

En 2009, elle cofonde avec neuf artistes-associés la compagnie des Passeurs. Une dizaine de spectacles ont été créés dont *La Nuit des rois* de Shakespeare, *Georges Dandin* de Molière, *L'Opéra du gueux* de John Gay et *Mais n'te promène donc pas toute nue* de Feydeau. Elle a participé à la mise en scène collective de *Mangeront-ils ?* de Victor Hugo.

Elle travaille en tant que comédienne avec plusieurs compagnies théâtrales et associations culturelles : la Maison des pratiques artistiques amateur, l'association Les Pierrots de la Nuit, Dorliss et cie.

En 2016, elle fonde sa compagnie de théâtre La Libellule. Deux spectacles ont été créés : *Chawa, pièce de ma mémoire* (seule en scène) et *Femmes Pirates* d'après l'œuvre de Daniel Defoe.

Depuis 2021, elle travaille régulièrement en partenariat avec le mémorial de la Shoah autour des mémoires génocidaires du XXe siècle et la prévention contre le racisme et de l'antisémitisme notamment avec les spectacles *Chawa, pièce de ma mémoire* et le conte *Étrange étranger*.

Elle vient de rejoindre l'équipe pédagogique de l'AICOM, l'Académie internationale de comédie musicale.

Imprimé à la demande par Books on Demand GmbH, Bad Hersfeld, Allemagne

1re édition, dépôt légal : juin 2024
N° d'édition : 202403
ISBN : 978-2-487668-02-7